Sandra Vogl

KLEINES KÄRNTNER NUDELBUCH

Alle Fotos und Rezepte entstammen dem Buch „Nudel geht immer"
von Sandra Vogl.

Fotos: Sandra Vogl
Umschlaggestaltung, Layout & Satz: Grimschitz, Klagenfurt
Druck & Herstellung: Christian Theiss GmbH, St. Stefan i. Lavanttal

© Verlag Johannes Heyn, Klagenfurt/Celovec 2019
Printed in Austria
ISBN 978-3-7084-0635-0

Kleines
Kärntner Nudelbuch

Kärntner Nudelrezepte
von Sandra Vogl

VERLAG johannes
heyn

Inhalt

REZEPTE

Geschichte der Kärntner Nudel

Im Mittelalter gab es schon die ersten Berichte über die „von fleißigen Frauen gefertigten Teigwerke mit schmackhaftem Inhalt"*.

Die erste schriftliche Aufzeichnung über diese Köstlichkeit liegt im Kärntner Landesarchiv in Klagenfurt und ist ein Speiseplan der Grafschaft Salamanca im Schloss Porcia in Spittal an der Drau aus dem Jahr 1753.

Mittlerweile hat die Kärntner Nudel viele Geschwister: Schlickkrapfen, Schlutzkrapfen, Fleischkrapfen und entfernte Verwandte wie Maultasche und Ravioli.

Die Nudeln wurden früher mehrmals die Woche aufgetischt, immer mit unterschiedlichem Inhalt, je nachdem, was sich gerade im Garten oder in der Speisekammer fand. Eine Zeit lang wurde sie von Pizza und Toast Hawaii an das untere Ende der Speisekarte gedrängt. In den letzten Jahren fand die Kärntner Nudel aber, dank der Rückbesinnung auf unsere gute österreichische Regionalküche, wieder zurück auf unsere Teller. Noch kreativer, gesünder, abwechslungsreicher … ein kulinarisches Meisterwerk.

* (Quellenangabe: vgl.http://www.sagen.at/forum/showtread.php?t=2537(27.03.2018).

...

Die ganze Zutaten ...

... zu verteilt, formen ...

... u. bei mäßiger ...

brot.

... 15 Dkg Salz, 1/4 l Milch, etwas ...

20 Dkg Weizenmehl 25 Dkg Gerstenmehl, ...

... gut abgearbeitet, zu einer ...

... Blech gelegt, gehen lassen

3/4 bis 1 h gebacken. Man kann auch ...

brot.

... kg Nüssen, 1/4 kg Mandeln, 1/4 kg Zitronat, 1/...

..., 1/4 kg Feigen, 1/4 kg kandierten Kirschen,

Marillen..., 1/4 kg ... ...,

..., mit 1/16 ..., 2 Löffel Mehl, 2 Löffel

... lassen, dann formt man ...

... verziert sie mit halbierten Mandeln

... mäßiger Hitze.

Einleitung

Liebe Nudelfreunde!

Die Kärntner Nudel ist ein wichtiger Teil der Kärntner Küchentradition. Dieses Gericht war immer schon ein beliebtes Essen, da sich vieles in der Teigtasche verpacken lässt. Die Nudeln sind aber viel mehr als nur eine regionale Spezialität – denn ob pikant, süß, vegetarisch, für jeden am Tisch ist etwas dabei.

In diesem Kärntner Nudelkochbuch wurden typische und traditionelle Rezepte gesammelt und mit neuen, abwechslungsreichen und köstlichen Variationen kombiniert. Die Herstellung wird in einfachen Arbeitsschritten beschrieben und mit zusätzlichen Tipps und Bildern ergänzt.

Nudeln selber machen, braucht Zeit und Ruhe, daran fehlt es uns oft in unserer schnelllebigen Welt. Also los geht's, ein Lieblingsrezept aus diesem Kochbuch aussuchen und mit ein bisschen Geduld ein wunderbares Familienessen auf die Teller zaubern!

Ihr werdet sehen, Nudeln selber machen, ist gar nicht so schwer!

Du brauchst:

- 1 Nudelbrett
- 1 Nudelholz
- 1 Kartoffelpresse
- 1 Tischwaage
- 1 große Schüssel (mit Deckel)
- Kartons mit ausgelegtem Backpapier zum Auflegen und Einfrieren der Nudeln

Wissenswertes

Bröseltopfen

Der Bröseltopfen ist eine Kärntner Spezialität und ein fettarmer, sehr bröseliger Topfen. Stattdessen kann man auch ausgepressten Magertopfen verwenden. Dazu die Masse in einem Stofftuch über eine Schüssel legen und über Nacht im Kühlschrank abtropfen lassen.

Erdäpfel

Es gibt viele Erdäpfelarten. Welche ist die richtige zum Nudelmachen? Ich verwende keine bestimmte Sorte, ich achte nur darauf, dass sie mehlig oder vorwiegend festkochend sind. Speckige oder heurige Erdäpfel sind nicht so gut geeignet für die Füllungen.

Zwiebeln

Es können alle Zwiebelsorten verwendet werden, z. B. die gelbe oder rote Zwiebel, Frühlingszwiebel oder fertige Röstzwiebel.

Vorkochen

Die Nudeln können roh oder vorgekocht eingefroren werden. Ich koche Kletzennudel und Apfelnudel vor, denn diese Sorten springen beim Einfrieren manchmal auf.

Es geht los!

Mein Teig

1 kg Weizenmehl (griffig)
1 Ei
1 TL Salz
500 ml lauwarmes Wasser

Der Teig ist für ca. 30 Nudeln. Klingt viel, aber man kann die Masse sehr gut einfrieren oder sonst einfach die Menge halbieren (kleines Ei).

Alle Zutaten in die Küchenmaschine geben und 5 Minuten kneten, bis sich der Teig vom Schüsselrand löst. Wer keine Maschine hat, rührt die Masse in einer großen Schüssel an und verarbeitet sie dann auf dem Nudelbrett, bis sie geschmeidig ist. Danach wird der Teig in Klarsichtfolie gewickelt und kommt erst mal in den Kühlschrank. In der Zwischenzeit machst du die Nudelfülle.

Natürlich kannst du statt Weizenmehl auch Dinkel- oder Vollkornmehl nehmen. Der Teig braucht dann nur etwas mehr Wasser.

Die Füllung

1 kg Füllung reicht für ca. 20 Nudeln. Das ist nur ein ungefährer Richtwert, denn sie hat immer eine andere Konsistenz. Manche sind einfacher zu handhaben als andere. Die Nudeln sind mit einer festen Masse natürlich leichter zu füllen als mit einer weichen.

Nach dem Abschmecken Deckel drauf und die Masse noch eine halbe Stunde durchziehen lassen, damit sich die Aromen der Gewürze und Kräuter weiter entfalten können. Dann die Bällchen formen und jedes abwiegen, damit alle Nudeln gleich groß sind.

Bei mir wiegt ein Bällchen 50 Gramm. Es liegt aber am eigenen Geschmack, ob die Nudeln klein, groß, mit viel oder wenig Füllung gemacht werden.

Die Verarbeitung

Ich als Kärntnerin krendle meine Nudeln natürlich. Man kann die Nudelränder aber auch mit einer Gabel verschließen. Wichtig ist nur, dass der Rand fest zusammengedrückt und gut verschlossen wird, damit beim Kochen nichts aufgeht.

Die Aufbewahrung

Die Nudeln sind perfekt zum Einfrieren. Ich nehme dafür kleine Schachteln aus dem Supermarkt, die ich mit Backpapier auslege. Diese kann man auch sehr gut stapeln. Dann ab damit in die Kühltruhe und am nächsten Tag werden sie in Gefriersackerl verteilt. Beschriften nicht vergessen! Wer einen Gefrierschrank mit Laden hat, kann die Nudeln auf Schneidbrettern (mit Backpapier) anordnen und in die Laden legen.

Die Zubereitung

Die Nudeln in kochendes Wasser geben und ca. 20 Minuten (tiefgekühlt) und ca. 8 Minuten (frisch) kochen. Immer wieder vorsichtig umrühren und nicht zu wild kochen, sonst gehen die Nudeln auf. Noch leichter geht's im Dampfgarer!

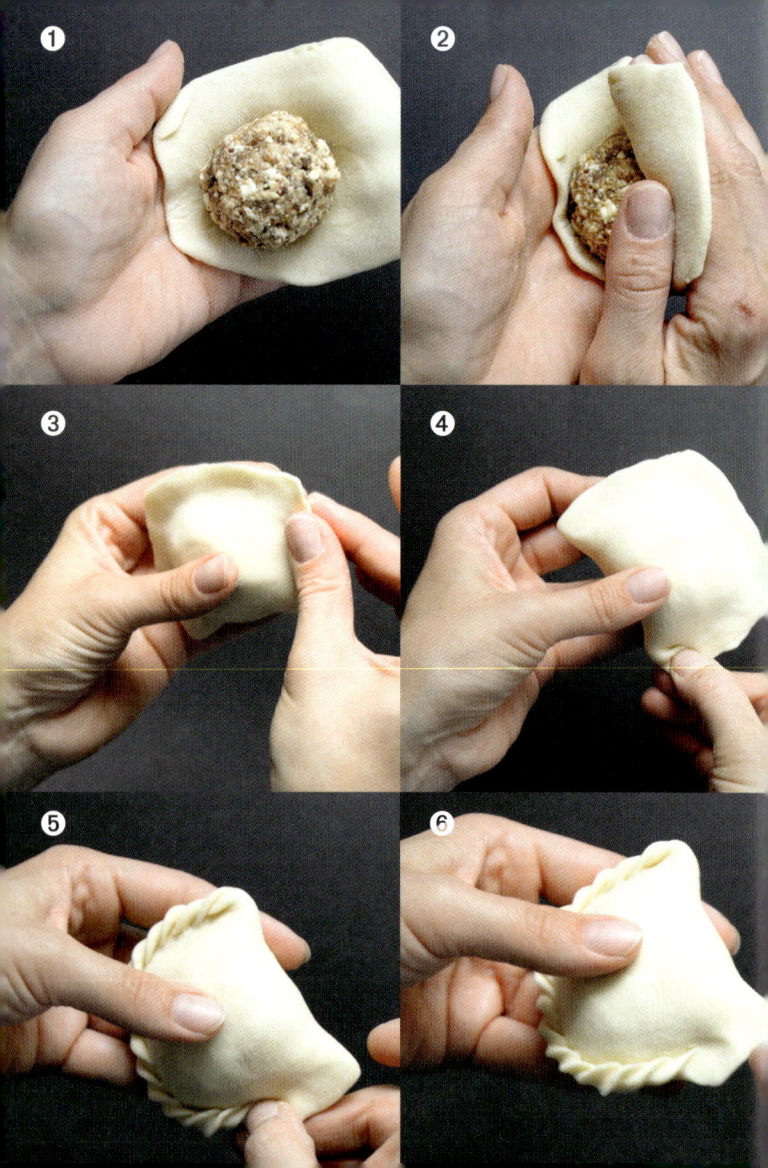

Das Krendeln

„Das händische Verzieren der Kärntner Nudel"

Zuerst einmal: Krendeln kann jeder lernen! Dazu braucht es nur Übung. Auch bei mir sahen die ersten Versuche seltsam aus, aber mit jeder gekrendelten Nudel gelingt es dann besser. Versprochen! Natürlich hat auch beim Krendeln jeder seine eigene Technik. Wichtig ist nur, dass der Rand gut verschlossen ist, sonst gehen die Nudel beim Kochen auf.

- Zuerst den Teig teilen oder vierteln und zu Rollen formen.

- Teigstücke von der Rolle abschneiden. Ich wiege auch diese Stücke auf einer Tischwaage ab, damit jede Nudel gleich groß wird.

- Die Teigstücke länglich ausrollen, in die Handfläche legen und die Fülle in den unteren Teil setzen und den oberen Teil darüber klappen – siehe Bild 1 und 2.

- Ränder rundherum gut festdrücken – siehe Bild 3.

- Randzipfel zwischen Daumen und Zeigefinger zusammendrücken und vorsichtig, aber fest, gegen die Nudel drücken, damit ein gezackter Rand entsteht – siehe Bild 4 bis 6.

Wenn dir das Krendeln gar nicht gelingt, kann man den Rand auch mit einer Gabel festdrücken.

Für pikante Nudeln verwende ich 50 Gramm Teig, für die süße Version 60 Gramm, denn ich esse die Süßen gerne mit mehr Teig.

Also ausprobieren, was dir am besten schmeckt!

Bärlauchnudel

Bärlauch wächst gerne an schattigen und feuchten Plätzen und schon beim Pflücken verströmt er sein herrliches Knoblaucharoma. Wer die Plätze zum Sammeln nicht kennt oder sich nicht sicher ist, was er da pflückt, der kauft den wilden Knoblauch ab Mitte März am besten auf dem Wochenmarkt. Achtung vor Verwechslung mit Maiglöckchen und Herbstzeitlosen!

Zutaten
(für ca. 25 Nudeln)

1,5 kg Erdäpfel
1 Bund Bärlauch
1 kleine Zwiebel
Salz, Pfeffer

Zubereitung

1. Erdäpfel kochen, schälen und durch die Erdäpfelpresse in eine Schüssel drücken.

2. Zwiebel schälen, würfeln, anrösten und untermischen.

3. Mit Pfeffer und Salz würzen.

4. Einen Bund Bärlauch waschen, abtropfen lassen, grob hacken und unterheben.

Spargelnudel

Von Mitte April bis Ende Juni ist Spargel-
zeit. Spargel ist mein Lieblingsgemüse –
lecker, gesund und Spargel passt einfach
überall dazu. Es gibt ihn in weißen, grünen
und violetten Varianten. Ich verwende für
die Nudeln grünen Spargel, er hat für mich
persönlich mehr Geschmack.

Zutaten
(für ca. 30 Nudeln)

1 kg Erdäpfel
500 g Bröseltopfen
1 Bund grüner
Spargel
Salz, Pfeffer,
Muskatnuss,
Petersilie, Kerbel

Zubereitung

1. Erdäpfel kochen.

2. Währenddessen den Spargel waschen,
   die holzigen Enden abschneiden und
   das letzte Drittel schälen.

3. Salzwasser in einem Topf zum Kochen
   bringen und die Spargelstangen ca.
   10 Minuten leicht kochen lassen.

4. Erdäpfel schälen und durch die Erdäpfelpresse in eine Schüssel drücken.

5. Spargel abseihen und in kleine Stücke
   schneiden, mit den Erdäpfeln und dem
   Topfen vermengen und mit Salz, Pfeffer,
   Muskatnuss, Petersilie und Kerbel abschmecken.

Kärntner Kasnudel

Kasnudel, die berühmteste aller Kärntner Nudeln! Die wichtigste Zutat ist der Bröseltopfen. In Kärnten bekommt man ihn in jedem Geschäft oder frisch vom Bauern, außerhalb von Kärnten muss man oft länger suchen. Bröseltopfen selber machen, dauerte bei meiner Oma einen ganzen Tag. Milch entrahmen, stundenlang erwärmen, bis die Milch dick wurde, durch ein Leinen pressen. Nach einem Tag Arbeit war er dann endlich fertig.

Zutaten
(für ca. 30 Nudeln)

1 kg Erdäpfel
1 kg Bröseltopfen
1 Zwiebel
Minze, Kerbel,
Salz, Pfeffer

Zubereitung

1. Erdäpfel kochen, schälen und durch die Erdäpfelpresse in eine Schüssel drücken.

2. Zwiebel schälen, fein würfeln und anrösten.

3. Erdäpfel mit dem Bröseltopfen, Zwiebel und Gewürzen vermischen.

Brennnessel-Ricotta-Nudel

Wie oft hab ich Brennnessel im Garten schon unachtsam ausgerissen und mich geärgert, weil ich mich an dem Unkraut verbrannt habe. Dabei ist sie ein tolles Wildkraut, ja sogar ein Heilkraut! Sie ist nährstoffreich, unbelasteter als Zuchtgemüse und ist umsonst. In der Küche ist die Brennnessel vielseitig verwendbar und man kann sie auch in den Nudelteig füllen!

Zutaten
(für ca. 20 Nudeln)

500 g Erdäpfel
250 g Ricotta
250 g Brennnessel-
blätter
100 g Parmesan
(gerieben)
Salz, Pfeffer,
Muskat

Zubereitung

1. Erdäpfel kochen, schälen und durch die Erdäpfelpresse in eine Schüssel drücken.

2. Brennnesselblätter waschen, kurz in Wasser kochen und klein hacken.

3. Blätter mit Erdäpfel, Ricotta, Parmesan vermengen und würzen.

Knoblauchnudel

Knoblauch hilft ja nicht nur gegen Vampire, sondern auch deinem Körper, gesund zu bleiben. Er ist stark antibakteriell und desinfizierend. Einmal abgesehen vom fiesen Mundgeruch ist er ein tolles Hausmittel. Als intensiv schmeckendes Gewürz sollte der Knoblauch in keiner Küche fehlen. Von Juni bis September wächst er auch in meinem Garten.

Zutaten
(für ca. 20 Nudeln)

1 kg Erdäpfel
1 Bund Frühlings-
zwiebeln
5 Knoblauchzehen
Salz, Pfeffer,
Petersilie

Zubereitung

1. Erdäpfel kochen, schälen und durch die Presse in eine Schüssel drücken.

2. Frühlingszwiebeln waschen, klein schneiden und anrösten.

3. Knoblauch schälen, durch die Knoblauchpresse drücken und anrösten.

4. Alles mit den Erdäpfeln vermengen und würzen.

Ribiselnudel

Mein Elternhaus ist umgeben von Ribisel-
sträuchern, auch Johannisbeeren genannt.
Jeden Sommer wurde aus den Ribiseln
köstlicher Ribiselsaft und meine geliebte
Marmelade gemacht. Warum also nicht
auch Ribiselnudeln?
Eine süß-saure Versuchung!

Zutaten
(für ca. 20 Nudeln)

300 g Ribisel
500 g Bröseltopfen
100 g Biskotten
6 EL Zucker
1 Pkg. Vanillinzucker

Zubereitung

1. Ribisel waschen und Stängel entfernen.

2. Topfen, Ribisel und Zucker vermischen.

3. Biskotten im Multimixer fein zerbröseln.

4. Biskotten untermischen.

Sommer

Spinatnudel

Wer erinnert sich noch an Popeye im Fernsehen? Popeye konnte Olivia immer erst retten, nachdem er eine Dose Spinat geschluckt hatte. Ich war wohl eines der wenigen Kinder, das gerne Spinat gegessen hat. Auch heute bin ich am Tisch die Einzige mit dem gesunden, grünen Klecks auf dem Teller. Meine Kinder kommentieren diesen immer mit einem lautem „liihhh". Spinatnudeln sind meine Lieblingsnudeln!

Zutaten
(für ca. 20 Nudeln)

500 g Erdäpfel
500 g Bröseltopfen
350 g Spinat (frisch oder tiefgekühlt)
1 Bund Frühlingszwiebeln
100 g Parmesan (gerieben)
Salz, Pfeffer

Zubereitung

1. Erdäpfel kochen, schälen, in eine Schüssel pressen und mit dem Bröseltopfen vermischen.

2. Frischen Spinat waschen, kurz blanchieren, klein schneiden und zu den Erdäpfeln geben.

3. Frühlingszwiebeln waschen, klein schneiden, anrösten und dazugeben.

4. Masse mit Parmesan, Salz und Pfeffer abschmecken.

Tomaten-Mozzarella-Nudel

Tomaten-Mozzarella-Nudeln mit Tomaten und Kräutern aus dem eigenen Garten oder vom Bauernmarkt sind natürlich das Beste! Leider ist nicht das ganze Jahr Sommer. Die Supermarkttomaten im Winter sind zwar wunderschön rot, haben aber gar keinen Geschmack. Am besten ist es deshalb, in der kalten Jahreszeit Tomaten aus der Dose (ohne Saft und Kerne) zu verwenden.

Zutaten
(für ca. 20 Nudeln)

1 kg Tomaten
1 kg Erdäpfel
500 g Mozzarella
1 Bund Frühlings-
zwiebeln
1 Bund Basilikum
Salz, Pfeffer, Kräuter
der Provence

Zubereitung

1. Erdäpfel kochen, schälen und durch die Presse in eine Schüssel drücken.

2. Tomaten waschen, halbieren, Strunk entfernen und aushöhlen, Saft und Kerne braucht man nicht.

3. Mozzarella klein schneiden und mit den Erdäpfeln und Tomaten vermengen.

4. Frühlingszwiebeln waschen, klein schneiden, in Öl anschwitzen, abkühlen lassen und dazugeben.

5. Basilikum waschen und klein hacken.

6. Masse mit Salz, Pfeffer, Basilikum und Kräutern abschmecken.

Eierschwammerlnudel

Die Wildpilze mögen es feucht und moosig und wachsen gerne unter Bäumen. Aber aufgepasst: In Österreich dürfen pro Person und Tag nur bis 2 kg gesammelt werden. Wer den Wald mit den Schwammerln nicht gleich vor der Haustüre hat, kauft sie am besten am Bauernmarkt. Es gibt die Pilze schon ab Juni im Geschäft, aber bitte auf die Herkunft achten! Aber selbstgesammelt schmecken sie einfach nochmal so gut!

Zutaten
(für ca. 20 Nudeln)

1 kg Erdäpfel
2 große Zwiebeln
1 Knoblauchzehe
700 g Eierschwam-
merln (geputzt)
Salz, Pfeffer,
Petersilie, Majoran

Zubereitung

1. Schwammerln putzen, zum Trocknen auflegen und große Pilze klein schneiden.

2. Erdäpfel kochen.

3. Zwiebeln schälen, würfeln und in einer großen Pfanne mit Öl anrösten.

4. Knoblauch schälen, in Pfanne pressen.

5. Schwammerln dazugeben, anrösten, ca. 15 Minuten bei kleiner Flamme weich-dünsten.

6. Erdäpfel schälen, in Schüssel pressen.

7. Schwammerln in einem Sieb abtropfen lassen und ohne Flüssigkeit zu den Erdäpfeln geben.

8. Mit Salz, Pfeffer, Petersilie, Majoran abschmecken.

Schwammerlklauben ist eine Art Kärntner Volkssport. So halte auch ich ab Juli bei meinen Waldspaziergängen Ausschau nach den ersten leuchtend gelben Eierschwammerln, die aus dem Waldboden sprießen.

Kletzennudel

Eine Kletze ist eine getrocknete Birne. Bei meiner Oma war das Einsammeln des reifen Obstes die Aufgabe der Kinder, die sich mit einem Handkarren auf den Weg machten. Daheim wurden die Früchte im Holzofen in der Küche getrocknet, um sie haltbar zu machen. Dann kamen sie noch in den Tischfleischwolf, wurden mit selbstgemachtem Bröseltopfen vermischt und fertig war die Fülle für Omas köstliche Kletzennudeln.

Zutaten
(für ca. 25 Nudeln)

500 g Dörrbirnen
1 kg Bröseltopfen
7 EL Zucker
1 Pkg. Vanillinzucker
Zitronensaft, Zimt,
Rum/Rumaroma

Zubereitung

1. Dörrbirnen einen Tag vorher in eine Schüssel mit Wasser einlegen, damit sie weich werden und die Birnen verarbeitet werden können.

2. Dörrbirnen zerkleinern und in einer Schüssel mit dem Bröseltopfen vermischen.

3. Mit Zucker, Vanillinzucker, Zitronensaft, Zimt und Rum/Rumaroma abschmecken.

Apfelnudel

Wer noch nie einen Apfel frisch vom Baum gegessen hat, denkt vielleicht, dass ein echter Apfel – wie aus dem Supermarkt – rot, glänzend und makellos ist. Die Ernte von unserem Apfelbaum schaut ganz anders aus: grün, braun und fleckig, mit schwarzen Wurmlöchern. Und sie schmecken auch anders: herrlich fruchtig, saftig, frisch.

Zutaten
(für ca. 15 Nudeln)

10 Äpfel (1,5 kg)
1 Zitrone (Saft)
3 EL Semmelbrösel
3–4 EL Zucker
(je nach Apfelsorte)
1 Pkg. Vanillinzucker
Zimt, Rum/Rumaroma

Zubereitung

1. Äpfel schälen und mit der groben Seite des Reibeisens in eine Schüssel reiben.

2. Geriebene Äpfel mit Zitronensaft vermischen, kurz stehen lassen.

3. Apfelmasse nochmal ausdrücken und den überflüssigen Saft entfernen.

4. Alles mit den Semmelbröseln vermengen und mit Zucker, Zimt und Rum/Rumaroma abschmecken.

Kürbisnudel

Der Kürbis ist ein wahres Meisterwerk der Natur! Einmal die Samen auf den Kompost gestreut, wächst er üppig, pflegeleicht und ist schön anzuschauen. Aber er schmeckt nicht nur lecker, er ist auch eine wundervolle Herbstdekoration. Besonders beliebt ist er bei meinen Kindern. Sie malen und schnitzen Gesichter hinein und geben ihren „Freunden" dann lustige Namen.

Zutaten
(für ca. 30 Nudeln)

1 Hokkaido-Kürbis
(ca. 700 g)
1 kg Erdäpfel
3 mittlere Zwiebeln
2 Knoblauchzehen
50 ml Weißwein
Salz, Pfeffer,
Thymian, Rosmarin

Zubereitung

1. Kürbis entkernen, vierteln, Schale entfernen und in kleine Stücke schneiden.

2. Erdäpfel kochen, schälen und durch die Presse in eine Schüssel drücken.

3. Zwiebeln schälen, würfeln und in einer Pfanne mit Öl anrösten.

4. Knoblauch schälen und durch eine Knoblauchpresse in die Pfanne drücken.

5. Kürbis dazugeben, anrösten, mit Weißwein ablöschen und 30 Minuten weichdünsten.

6. Masse noch heiß unter die Erdäpfel mischen, würzen, abkühlen lassen.

Maroninudel

Wer mit Kindern im Herbst einen Wald-spaziergang macht, der nimmt besser eine große Tasche mit. Denn im Herbst gibt es so viel Schönes zum Einsammeln: Bunte Blätter, Nüsse, und vor allem Kastanien. Zu Hause werden dann damit die Figuren gebastelt. Essen kann man diese Kastanien leider nicht, nur die Früchte der Edel- oder Esskastanien.

Zutaten
(für ca. 10 Nudeln)

700 g Maroni
50 ml Milch
50 g Zucker
1 EL Kakaopulver
Rum/Rumaroma

Zubereitung

1. Maroni kreuzförmig einschneiden, 30 Minuten in kaltem Wasser ein-weichen und dann 45 Minuten weich kochen.

2. Kalt abschrecken, sofort schälen und mit einem kleinen Löffel die Maroni aus der Schale lösen.

3. Die Fülle in einem Multimixer verarbei-ten und mit Milch anrühren.

4. Mit Zucker, Kakaopulver und Rum/Rumaroma abschmecken.

Bunte Gemüsenudel

Blaue, lila und pinke Erdäpfel? So etwas gibt es wirklich? Das muss ich sehen! Als ich dann das erste Mal die „Eachtlinge" aus dem Lungau schälte, bekam ich so große Augen wie meine Kinder vorm Weihnachtsbaum. Aber die farbigen Erdäpfel sind keine neue Züchtung der Bauern, sondern eine Wiederkehr uralter Sorten. Wie schön, dass diese köstlichen Raritäten nicht für immer verschwunden sind.

Zutaten
(für ca. 20 Nudeln)

1 kg Erdäpfel
½ Bund Frühlingszwiebeln
350 g Gemüse nach Wahl
(z. B. Brokkoli, Zucchini, Karotten)
1 Knoblauchzehe
Salz, Pfeffer, Petersilie

Zubereitung

1. Erdäpfel kochen, schälen und in eine Schüssel pressen.
2. Frühlingszwiebeln klein schneiden, Knoblauch durch die Knoblauchpresse drücken und alles in Öl anrösten.
3. Gemüse klein schneiden und kurz in Wasser bissfest kochen.
4. Alles mit den Erdäpfeln vermischen und mit den Gewürzen abschmecken.

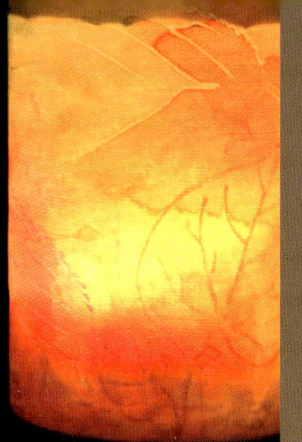

Ganslnudel

Im November kommt Gansl auf den Tisch, denn wir feiern Martini. Der Martinstag ist der letzte vor dem, in früheren Zeiten unumgänglichen, vierzigtägigen Adventsfasten. Da wurde dann nochmal ordentlich aufgetischt und eine fette Gans war immer schon ein winterlicher Festtagsschmaus!

Zutaten
(für ca. 12 Nudeln)

2 Gänsekeulen
2 Zwiebeln (geschält)
2 Nelken
Lorbeerblätter
150 ml Hühnersuppe
2 Zwiebeln (gehackt)
50 ml Rotwein
2 EL Preiselbeer-
marmelade
Majoran, Salz, Pfeffer

Zubereitung

1. Keulen kalt abspülen, trocken tupfen und mit Salz und Pfeffer einreiben.

2. Zusammen mit Zwiebeln, 2 Nelken und Lorbeer in einen Bräter geben.

3. Mit Hühnersuppe angießen und zugedeckt im Backrohr bei 160 °Celsius ca. 60 Minuten knusprig braten.

4. Fleisch mit der Haut vom Knochen lösen.

5. In einer Pfanne die gehackten Zwiebeln in 3 EL Ganslschmalz (aus dem Bräter) anrösten, mit Rotwein ablöschen und kurz einkochen lassen.

6. Fleisch und gebratene Haut dazugeben und mit Majoran, Salz, Pfeffer und Preiselbeeren würzen.

7. Alles faschieren.

Wildfleischnudel

Wildfleisch ist eine besondere Delikatesse und in unserer Familie gibt es dieses köstliche Fleisch eigentlich nur zu Weihnachten. Bei uns auf dem Land haben die meisten einen Jäger in der Familie oder im Freundeskreis und kommen so, je nach Jagdsaison, in den Genuss von frischem und hochwertigem Wildfleisch. Ansonsten ist es beim Metzger oder tiefgekühlt im Handel erhältlich.

Zutaten
(für ca. 10 Nudeln)

500 g Wildfleisch
2 große Zwiebeln
2 Karotten
1 gelbe Rübe
50 ml Rotwein
Salz, Pfeffer
Wildgewürz (Wacholder, Lorbeer, Piment, Thymian)

Zubereitung

1. Zwiebeln schälen, würfeln und in einer Pfanne mit Öl anbraten.

2. Karotten und Rübe schälen, würfeln und in die Pfanne geben.

3. Wildfleisch würfelig schneiden und dazugeben.

4. Durchrösten, würzen, mit dem Rotwein ablöschen, Deckel drauf und alles eine halbe Stunde bei niedriger Temperatur einkochen.

5. Fleisch abkühlen und durch die mittlere Scheibe des Fleischwolfes drehen.

6. Mit den Gewürzen abschmecken.

Fleischnudel

Die Fleischnudel ist natürlich der Klassiker unter den Nudeln. Bei meiner Oma gab es früher keinen Kühlschrank. Das Fleisch wurde in der Selch geräuchert, um es haltbar zu machen, und kam zum Trocknen auf den Dachboden. Selchfleisch bekommt man beim Metzger oder im Supermarkt. Auch für diese Füllung wird ein Fleischwolf benötigt.

Zutaten
(für ca. 30 Nudeln)

1300 g Selchfleisch
(vom Schopf)
1 EL Schweine-
schmalz
1 Zwiebel
Majoran, Petersilie,
Salz, Pfeffer

Zubereitung

1. Die Kruste entfernen und das Fleischstück in kleine Stücke schneiden.

2. Die Stücke durch den Fleischwolf in eine Schüssel lassen.

3. Zwiebel schälen, fein würfeln und in einer Pfanne mit Schmalz anrösten.

4. Masse mit Zwiebel und Gewürzen abschmecken und etwas durchziehen lassen.

Grammelnudel

Grammeln, das ist richtige österreichische Hausmannskost! Es sind Speckwürfel, die im eigenen Fett knusprig gebacken werden. Bei Oma und Opa wurde früher nur vor den Weihnachtsfeiertagen geschlachtet und so gab es diese Nudeln nur im Winter. Mit dem übrig gebliebenen Schmalz hat meine Oma dann leckere Schnitzel und herrliche Krapfen gemacht. Kein Essen für jeden Tag, aber eine Sünde wert!

Zutaten
(für ca. 18 Nudeln)

1 kg frischen Bauchspeck (nicht geräuchert oder gepökelt, in kleine Würfel geschnitten)
Salz, Pfeffer

Zubereitung

1. Speckwürfel in einem großen Topf bei mittlerer Hitze braten, ständig rühren.

2. Nach 30 Minuten werden die Speckwürfel kleiner und das Fett wird mehr, Temperatur zurückschalten.

3. Nach weiteren 15 Minuten sind die Würfel goldbraun und fertig.

4. Grammeln abschöpfen, auf ein Backblech legen, salzen, pfeffern, einige Löffel vom Schmalz (aus dem Topf) zufügen und abkühlen lassen.

5. Wenn die Masse fest ist, mit einem Löffel Portionen ausstechen und Bällchen formen.

Mohnnudel

Mohn wurde in der Küche meiner Oma gar nicht verwendet, dabei wird er im Waldviertel schon seit Jahrhunderten angebaut. Heute kommt er in der österreichischen Küche überall zum Einsatz. Ich liebe die leuchtend roten Blüten des Klatschmohns in meinem Garten. Allerdings ist dieser giftig und daher nicht für die Nudeln geeignet.

Zutaten
(für ca. 18 Nudeln)

200 g Mohn
(gemahlen)
500 g Bröseltopfen
7 EL Zucker
1 Pkg. Vanillinzucker
Zimt, Rum/Rumaroma

Zubereitung

1. Mohn mit dem Bröseltopfen in einer Schüssel vermischen und etwas aufquellen lassen.

2. Mit Zucker, Zimt und Rum/Rumaroma abschmecken.

Erdäpfelnudel

Mein Opa hatte früher einen Acker ge-
pachtet und jedes Jahr am 1. Mai setzte die
ganze Familie Erdäpfel, denn am Feiertag
waren alle daheim. Die kleinen Abkömmlin-
ge bekamen die Schweine und die großen
wurden eingelagert. Ich mochte Omas
Erdäpfelnudel besonders gerne, denn da
waren ordentlich Butterschmalz und Speckwürfel drauf.

Zutaten
(für ca. 30 Nudeln)

1,5 kg Erdäpfel
2 große Zwiebeln
Salz, Pfeffer, Majoran,
Petersilie

Zubereitung

1. Erdäpfel kochen, schälen und durch
   die Erdäpfelpresse in eine Schüssel
   drücken.

2. Zwiebeln anrösten und mit den
   Gewürzen untermischen.

Über mich …

Ich heiße Sandra Vogl
und stamme aus dem
schönen Liesertal
in Kärnten.

Nach meiner Ausbildung zur Hotel- und Gastgewerbeassistentin
arbeitete ich viele Jahre im Tourismus. Nach der Geburt meines
dritten Kindes nahm ich mir eine berufliche Auszeit und entdeckte
meine Liebe zum Kochen, vor allem zu Kärntner Nudeln.
Ich fing an, alte Rezepte für Kärntner Nudeln zu sammeln und
unterhielt mich mit Omas und Opas, wie diese Spezialitäten früher
gemacht wurden, ohne Kühlschrank und ohne Küchenmaschine.
Gleichzeitig experimentierte ich mit neuen Ideen und probierte
aus, was man noch alles aus dem Garten und der Natur in die
Nudeln füllen kann.

2016 gründete ich dann die Lurnbichler Nudelwerkstatt und
seitdem dreht sich bei mir alles um die Kärntner Nudel.

Nudel geht immer

Ein ganzes Kochbuch der Kärntner Nudel gewidmet.
Über 30 traditionelle und neue Rezepte. Das besondere Geschenk.
104 Seiten
EUR 24,90